AF448454

ISBN : 9789983979121

وَإِذَا سَأَلَكَ عِبَادِي عَنِّي فَإِنِّي قَرِيبٌ أُجِيبُ دَعْوَةَ ٱلدَّاعِ إِذَا دَعَانِ فَلْيَسْتَجِيبُواْ لِي وَلْيُؤْمِنُواْ بِي لَعَلَّهُمْ يَرْشُدُونَ

"Wanneer mijn dienaren u over mij vragen, (vertel hun): Ik ben werkelijk dicht bij hen, Ik luister naar het gebed van elke smekeling wanneer hij mij aanroept." (Koran, 2:186)

Wat is Dua?

Het is een Arabische term (دعاء) die aanroeping betekent.

Dua betekent dat je God (ﷻ) aanroept
en hem om hulp, bijstand,
bescherming, rijkdom of wat je ook
maar nodig hebt vraagt.

Waarom zeggen we Dua?

Want al het goede is in de handen van God: als Hij besluit ons iets goeds te geven, kan niemand dat van ons afpakken. En als hij besluit ons iets goeds te ontnemen, kan niemand het ons geven.

DUA VOOR HET SLAPENGAAN

بِاسْمِكَ اللّهُمَّ أَمُوتُ وَأَحْيَا

Bismika Allaahumma 'amootu wa 'ahyaa.

"Oh Allah! In uw naam sterf ik en leef ik"

Dua na het ontwaken

الْحَمْدُ لِلَّهِ لَّذِي أَحْيَانَا بَعْدَمَا أَمَاتَنَا وَإِلَيْهِ النُّشُورْ

Alhamdu lillaahil-lathee 'ahyaanaa ba'da maa 'amaatanaa wa'ilayhin-nushoor.

"Alle lof zij Allah, Die ons het leven gaf nadat Hij het van ons had afgenomen, en tot Hem is de wederopstanding."

DUA VOOR HET BETREDEN TOILET

اللَّهُمَّ إِنِّي أَعُوذُ بِكَ مِنَ الْخُبْثِ وَالْخَبَائِثِ

Allaahumma innee a'oodhu bika minal-khubuthi wal-khabaa'ith

"O Allah, ik zoek bescherming bij U tegen slechte en schadelijke dingen."

DUA VOOR HET VERLATEN TOILET
غُفْرَانَكَ
Ghufranak
"(O Allah) Ik vraag U om vergiffenis"

DUA BIJ HET BINNENKOMEN VAN HET HUIS

بِسْمِ اللّٰهِ وَلَجْنَا، وَ بِسْمِ اللّٰهِ خَرَجْنَا، وَعَلَى رَبِّنَا تَوَكّلْنَا

Bismillaahi walajnaa, wa bismillaahi kharajnaa, wa'alaa rabbinaa tawakkalnaa

"In de naam van Allah komen wij binnen, in de naam van Allah vertrekken wij, en op onze Heer vertrouwen wij."

[zeg dan As-Salaamu 'Alaykum tegen de aanwezigen]

DUA BIJ HET VERLATEN VAN HET HUIS
بِسْمِ اللَّهِ تَوَكَّلْتُ عَلَى اللَّهِ، وَلَا حَوْلَ وَلَا قُوَّةَ إِلَّا بِاللَّهِ
Bismillaahi, tawakkaltu 'alallaahi, wa laa hawla wa laa quwwata ' illaa billaah
"In de naam van Allah heb ik mijn vertrouwen gesteld
Bij Allah is er geen macht en geen kracht behalve door Allah"

DUA VOOR HET ETEN

اللَّهُمَّ بَارِكْ لَنَا فِيمَا رَزَقْتَنَا وَزِدْنَا خَيْرًا مِنْهُ وَقِنَا عَذَابَ النَّارِ

Allahumma barik lana fima razaqtana wa zidna khayren minho waqina adhaban-nar

"O Allah! Zegen ons met wat U ons heeft gegeven en geef ons dat wat nog beter is, en bescherm ons tegen de bestraffing van het Vuur."

DUA NA HET ETEN

الْحَمْدُ لِلَّهِ الَّذِي أَطْعَمَنَا وَسَقَانَا
وَجَعَلَنَا مِنَ الْمُسْلِمِينَ

Alhamdu-lillahil-lazi at'amana wa saqana
wa ja'alana mina al-muslimin

"ALLE LOF BEHOORT AAN ALLAH, DIE ONS VOEDDE
EN ONZE DORST LESTE EN ONS TOT MOSLIMS
MAAKTE"

DUA'S NA HET NIEZEN

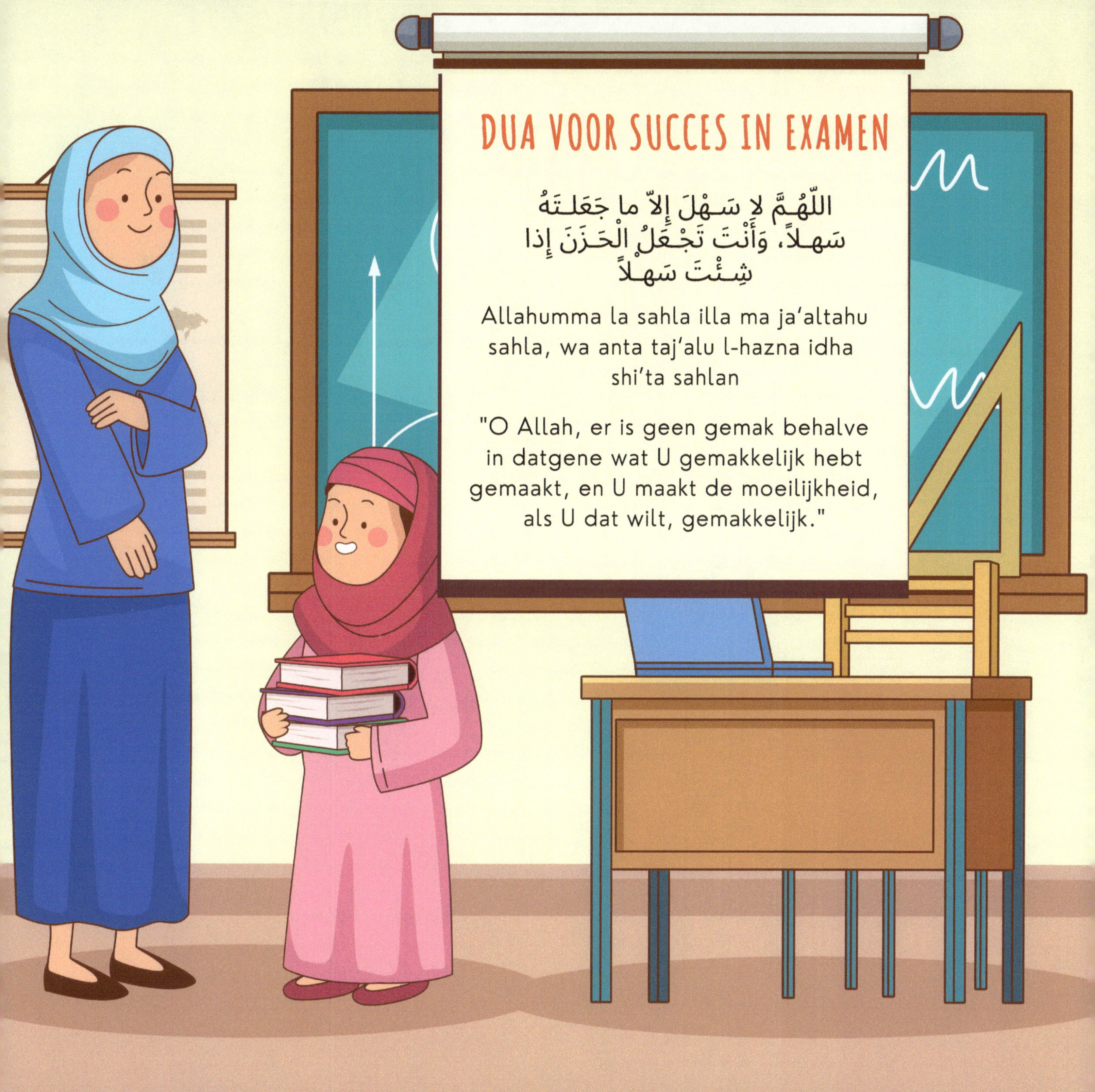
DUA VOOR SUCCES IN EXAMEN

اللّهُـمَّ لا سَـهْلَ إلاّ ما جَعَلـتَهُ سَـهـلاً، وَأَنْتَ تَجْـعَلُ الْحَـزَنَ إِذا شِـئْتَ سَهـلاً

Allahumma la sahla illa ma ja'altahu sahla, wa anta taj'alu l-hazna idha shi'ta sahlan

"O Allah, er is geen gemak behalve in datgene wat U gemakkelijk hebt gemaakt, en U maakt de moeilijkheid, als U dat wilt, gemakkelijk."

DUA BIJ HET KIJKEN IN DE SPIEGEL

اللَّهُمَّ كَمَا حَسَّنْتَ خَلْقِي فَحَسِّنْ خُلُقِي

Allahumma kama hasanta khalqi fa hasin khuluqi

"O Allah, net zoals U mijn uiterlijke kenmerken mooi hebt gemaakt, maak ook mijn karakter mooi"

DUA TIJDENS HET REIZEN

سُبْحَانَ الَّذِي سَخَّرَ لَنَا هَذَا وَمَا كُنَّا لَهُ مُقْرِنِينَ وَإِنَّا إِلَى رَبِّنَا لَمُنْقَلِبُونَ

Subhana-alladhi sakh-khara la-na hadha wa ma kunna la-hu muqrinin. Wa inna ila Rabbi-na la munqalibun.

" Glory unto Him Who created this transportation, for us,
though we were unable to create it on our own.
And unto our Lord we shall return".

Koran: Az-Zukhruf/13

DUA NA DE ADHAN

اللَّهُمَّ رَبَّ هَذِهِ الدَّعْوَةِ التَّامَّةِ وَالصَّلاَةِ الْقَائِمَةِ آتِ مُحَمَّدًا الْوَسِيلَةَ وَالْفَضِيلَةَ وَابْعَثْهُ مَقَامًا مَحْمُودًا الَّذِي وَعَدْتَهُ

'Allahumma Rabba hadhihi-dda` watit-taammah, was-salatil qaa'imah, aati Muhammadan al-waseelata wal-fadeelah, wa b`ath-hu maqaman mahmudan-il-ladhi wa`adtahu'

"O Allah! Heer van deze volmaakte oproep (volmaakt door U geen deelgenoten toe te kennen) en van het regelmatige gebed dat zal worden ingesteld, geef Mohammed het recht op voorspraak en verhevenheid, en wek hem op tot de beste en hoogste plaats in het Paradijs die U hem (hebt) beloofd."

DUA OM KENNIS TE VERGROTEN

رَبِّ زِدْنِي عِلْمًا

Rabbi Zidni Ilma

"O mijn Heer,
vermeerder mijn kennis"

DUA VOOR HET DRAGEN VAN NIEUWE KLEREN

الْحَمْدُ لِلَّهِ الَّذِي كَسَانِي هَذَا وَرَزَقَنِيهِ مِنْ غَيْرِ حَوْلٍ مِنِّي وَلَا قُوَّةٍ

Alhamdulillah aladhi kasani hadha wa razakanih min ghayri hawlin minni wala kowa

"Alle lof behoort aan Allah (swt), die mij heeft gekleed zonder mijn inspanning of kracht"

DUA OM ONZE OUDERS TE BEDANKEN ♥

رَبَّنَا اغْفِرْ لِي وَلِوَالِدَيَّ وَلِلْمُؤْمِنِينَ يَوْمَ يَقُومُ الْحِسَابُ

Rabbana-ghfirli wa liwalidayya wa lilmu'mineena yauma yaqumul-hisab

"Onze Heer! Vergeef mij, mijn ouders en de gelovigen op de Dag waarop het oordeel zal komen"

رَّبِّ ارْحَمْهُمَا كَمَا رَبَّيَانِي صَغِيرًا

Rabbi irhamhuma kama rabbayanee sagheera

"Mijn Heer! Wees hen (mijn ouders) genadig, want zij hebben mij opgevoed toen ik jong was."

DUA OM MENSEN TE BEDANKEN

جَزاكِ اللهُ خَـيْراً
Jazaaki Allah'u khayran
"Moge Allah u belonen met het goede"

DUA ALS HET REGENT

اللَّهُمَّ صَيِّباً نَافِعًا

allaahumma sayyiban naafi'aa
"O Allah, laat het (regenen) overvloedig en nuttig zijn"

DUA BIJ HET BEZOEKEN VAN ZIEKEN

لَا بَأْسَ طَهُورٌ إِنْ شَاءَ الله

Laa ba'sa tahoorun 'insha'Allaah.

"Wees niet bezorgd, het zal een reiniging (voor jou) zijn, als Allah het wil"

أَسْأَلُ اللهَ الْعَظِيمَ رَبَّ الْعَرْشِ الْعَظِيمِ أَنْ يَشْفِيَكَ

As'alullaahal-'Adheema Rabbal-'Arshil-'Adheemi 'an yashfiyaka.

"Ik vraag Allah, de Verhevene en de Heer van de Machtige Troon, dat Hij u geneest"

DUA BIJ HET ONTMOETEN VAN EEN ANDERE MOSLIM

السَّلَامُ عَلَيْكُمْ وَرَحْمَةُ اللّهِ
As-Salam-u-Alaikum wa-Rahmatullah
"Moge vrede en Allah's genade met u zijn"

وَعَلَيْكُمُ السَّلَامُ وَرَحْمَةُ اللّهِ وَبَرَكَاتُهُ
wa-Alaikumussalam wa-Rahmatullahi wa-Barakatoho.
"Moge vrede, genade en Allah's zegen ook met jou zijn"

DUA NA WOEDOE

اللَّهُمَّ اجْعَلْنِي مِنَ التَّوَّابِينَ وَاجْعَلْنِي مِنَ الْمُتَطَهِّرِينَ

Allahumma-j'alnee min-al-tawwaabeena wa-j'alnee min-al-mutatahireen!

"O Allah, laat mij behoren tot degenen die vergiffenis zoeken en tot degenen die rein blijven"

DUA BIJ HET BETREDEN VAN DE MOSKEE
اللَّهُمَّ افْتَحْ لِي أَبْوَابَ رَحْمَتِكَ
Allaahum-ma ftah lee abwaaba rahmatika.
"Oh Allah, open de poorten van Uw genade voor mij"

DUA VAN DANKBAARHEID

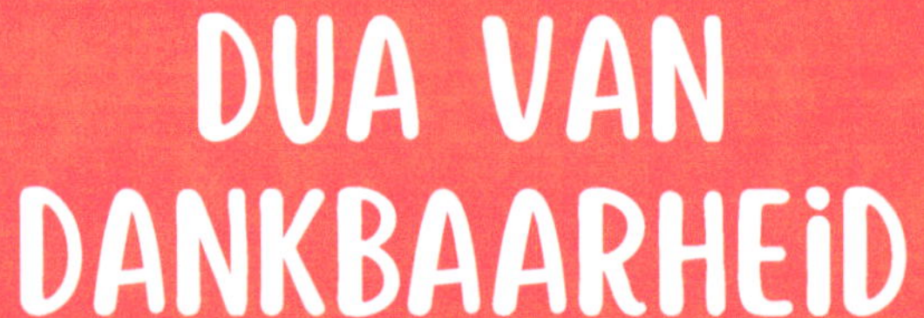

Alhamdulillah voor...

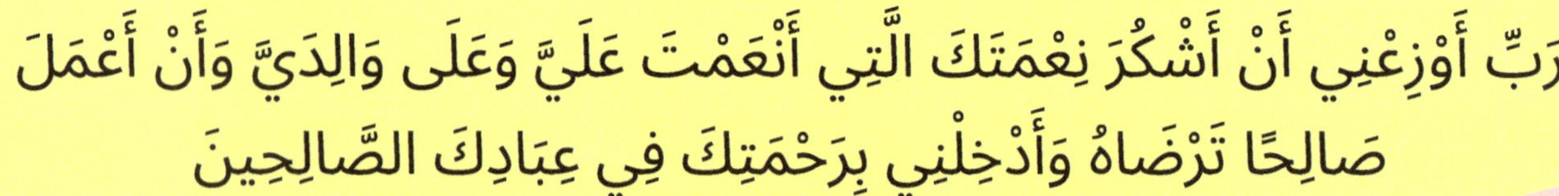

رَبِّ أَوْزِعْنِي أَنْ أَشْكُرَ نِعْمَتَكَ الَّتِي أَنْعَمْتَ عَلَيَّ وَعَلَى وَالِدَيَّ وَأَنْ أَعْمَلَ صَالِحًا تَرْضَاهُ وَأَدْخِلْنِي بِرَحْمَتِكَ فِي عِبَادِكَ الصَّالِحِينَ

Rabee awzi'nee an ashkura ni'mataka allatee an'amta 'alayya a'alaa waalidayya wa-an a'mala saalihan tardaahu wa adkhilnee birahmatika fee 'ibaadika assaaliheen

"Mijn Heer, laat mij dankbaar zijn voor Uw gunst die U aan mij en mijn ouders hebt verleend en laat mij de gerechtigheid doen die U goedkeurt. En laat mij door Uw genade toetreden tot [de gelederen van] Uw rechtvaardige dienaren."
Koran: An-Naml/19

DUA VAN DE OCHTEND

اللّٰهُمَّ بِكَ أَصْبَحْنَا وَبِكَ أَمْسَيْنَا ، وَبِكَ نَحْيَا وَبِكَ نَمُوتُ وَإِلَيْكَ المَصِيْر

Allahumma bika asbahnaa wa bika amsaynaa, wa bika nahyaa wa bika namootu wa ilayk-al-masir

"O Allah! Wij gaan de nacht en de dag in en wij leven en sterven met Uw kracht en tot U keren wij terug."

DUA VAN DE NACHT

اللّٰهُمَّ بِكَ أَمْسَيْنَا وَبِكَ أَصْبَحْنَا وَبِكَ نَحْيَا وَبِكَ نَمُوتُ وَإِلَيْكَ النُّشُورُ

Allahumma bika amsaynaa wa bika , asbahna wa bika nahyaa wa bika namootu wa ilayk-an-nushoor

"O Allah, wij gaan de nacht en de dag in en leven en sterven met Uw kracht en tot U keren wij terug."

DUA ALS DE WIND WAAIT

اللَّهُمَّ إِنِّي أَسْأَلُكَ خَيْرَهَا، وَخَيْرَ مَا فِيْهَا، وَخَيْرَ مَا أُرْسِلَتْ بِهِ، وَأَعُوْذُ بِكَ مِنْ شَرِّهَا، وَشَرِّ مَا فِيْهَا، وَشَرِّ مَا أُرْسِلَتْ بِهِ

'Allahumma innee as-'aluka khayrahaa, wa khayra ma feehaa, wa khayra maa ursilat bihee, wa a'udhu bika min sharriha, wa sharri maa, feehaa, wa sharri maa ursilat bihee.'

"O Allah, ik vraag U om de goedheid van deze wind, en de goedheid die hij bevat en de goedheid waarmee hij is gezonden, en ik zoek Uw toevlucht tegen zijn kwaad, en de kwaadheid die hij bevat, en de kwaadheid waarmee hij is gezonden."

DUA BIJ HET HOREN VAN DE DONDER

سُبْحَانَ الَّذِي يُسَبِّحُ الرَّعْدُ بِحَمْدِهِ ، وَالْمَلَائِكَةُ مِنْ خِيفَتِهِ

subhaan-alladhee yusabbih-ur-ra'du bi hamdihi, wal-malaa'ikatu min kheefatih

"Hoe ver van onvolmaaktheden is Hij, (Degene) van wie de donder zijn volmaaktheid verkondigt met zijn lof, zoals de engelen dat doen uit vrees voor Hem"

DUA VAN BESCHERMING

بِسْمِ اللّهِ الَّذِي لَا يَضُرُّ مَعَ اسْمِهِ شَيْءٌ فِي الْأَرْضِ وَلَا فِي السَّمَاءِ وَهُوَ السَّمِيعُ الْعَلِيمُ

Bismillahil-ladhi la yadhurru ma'asmihi shay'un fil ardhi wa la fis-sama'i wa huwas-Sami'ul 'Aleem

"In de Naam van Allah, in Wiens Naam er bescherming is tegen elk kwaad op aarde en in de hemel. En Hij is Alhorend, Alwetend."

DUA VOOR HET STUDEREN

اَللّٰهُمَّ عَلِّمْنِي مَا يَنْفَعُنِي, وَ انْفَعْنِي بِمَا عَلَّمْتَنِي وَ زِدْنِي عِلْمًا

Allahumma a'lemni maa yanfauni wa infa'ni bima a'lamtani wa zidni ilma.

O Allah! Leer mij nuttige kennis en" schenk mij voordeel in wat U mij hebt geleerd, en verhoog mijn "kennis

DUA VAN WOEDE
أَعُوذُ بِاللَّهِ مِنَ الشَّيْطانِ الرَّجِيْم
A'oothu billaahi minash-Shaytaanir-rajeem
"Ik zoek mijn toevlucht bij Allah
tegen de Satan, de verstotene"

DUA VOOR DJANNAH

اللَّهُمَّ إِنِّي أَسْأَلُكَ الْجَنَّةَ وَأَعُوذُ بِكَ مِنَ النَّارِ

Allahumma inni as'aluka al jannah wa ao'dhu bika mina annaar

"Oh Allah, ik vraag U om het Paradijs, en ik zoek bescherming tegen het Vuur bij U."

DUA VOOR GENEZING

اللَّهُمَّ رَبَّ النَّاسِ أَذْهِبِ الْبَأْسَ رَبَّ النَّاسِ، وَاشْفِ أَنْتَ الشَّافِي لَا شِفَاءَ إِلَّا شِفَاؤُكَ، شِفَاءًا لَا يُغَادِرُ سَقَمَا

Allahumma Raba annasi adhhibi albasa Rabba annasi, wa eshfi anta Ashaafi, laa shifaa illa shifaaoka shifaan laa yoghadiro sakaman

"O Allah, Heer van de mensen, verwijder alle kwaad, geef genezing, want U bent degene die geneest. Er is geen genezing behalve Uw genezing - een genezing die geen ziekte achterlaat"

DUA BIJ HET BETREDEN VAN EEN MARKT

لَا إِلَهَ إِلَّا اللهُ وَحْدَهُ لَا شَرِيكَ لَهُ، لَهُ الْمُلْكُ وَلَهُ الْحَمْدُ، يُحْيِي وَيُمِيْتُ، وَهُوَ حَيٌّ لَا يَمُوتُ، بِيَدِهِ الْخَيْرُ، وَهُوَ عَلَى كُلِّ شَيْءٍ قَدِيْرٌ

Laa ilaaha illallaahu wahdahu laa shareeka lahu, lahul-mulku wa lahul-hamdu, yuhyee wa yumeetu, wa Huwa hayyun laa yamootu, biyadihil-khayru, wa Huwa alaa kulli shayin Qadeer.

"Er is geen Heer behalve Allah. Hij is Eén en heeft geen partners. Hem is het Koninkrijk en voor Hem zijn alle lofprijzingen. Hij geeft leven en geeft dood. Hij is eeuwig en eeuwigdurend In Zijn controle is goedheid, en Hij heeft macht over alles "

DUA VOOR HET VERBREKEN VAN HET VASTEN TIJDENS DE RAMADAN (IFTAR)

اللَّهُمَّ لَكَ صُمْتُ وَعَلَى رِزْقِكَ أَفْطَرْتُ

Allahomma laka somto, wa 'ala rezqeeka aftarto

"O Allah! Voor U heb ik gevast en op Uw voorziening heb ik mijn vasten verbroken."